趣读
品读经典
乐在其中

古诗新读 (一)

划着小船去采莲

邱易东　编著
罗　娟　评析

济南出版社

图书在版编目（CIP）数据

古诗新读.一，划着小船去采莲 / 邱易东编著；罗娟评析. —— 济南：济南出版社，2024.7. —— ISBN 978-7-5488-6498-1

Ⅰ.G624.203

中国国家版本馆CIP数据核字第2024883GW8号

古诗新读（一）：划着小船去采莲
GUSHI XINDU YI HUAZHE XIAOCHUAN QV CAILIAN
邱易东 / 编著　罗娟 / 评析

出 版 人　谢金岭
选题策划　孙昌海
出版统筹　秦　天
责任编辑　张若薇
装帧设计　胡大伟

本书图画辅导老师
成都市武侯区教科院附属小学美术组：
杨瑞雪　屈　艺　廖小荣　张玉佳　杨镘玉
电子科技大学实验中学附属小学美术组：
胡功敏　陈　夜　徐　清　崔　竹　梁忆雪　张　琴　尹银银

出版发行　济南出版社
地　　址　山东省济南市二环南路1号（250002）
总 编 室　0531-86131715
印　　刷　山东联志智能印刷有限公司
版　　次　2024年7月第1版
印　　次　2024年7月第1次印刷
开　　本　145mm×210mm　32开
印　　张　5
字　　数　88千字
书　　号　ISBN 978-7-5488-6498-1
定　　价　28.00元

如有印装质量问题 请与出版社出版部联系调换
电话：0531-86131736

版权所有　盗版必究

寻找古诗里的一千个哈姆雷特
——《古诗新读》导读

问：《古诗新读》真是一本可爱的书，值得反复阅读和品味。您能讲讲编写这本书的想法和思考吗？

答： 读古诗无趣、背古诗困难，是令一些孩子头疼的事情。我们希望做一次有意义的尝试，让古诗阅读轻松、有趣。引导孩子探究古诗画面，感受情境，接受诗人的感情冲击，获得审美熏陶，有效的路径，就是还原诗人从感受到表达的过程，激发孩子参与诗的创造。

问： 文学具有天然的感染力，可是有的孩子为什么会感到读古诗无趣、背古诗困难呢？

答： 这些孩子不喜欢读古诗，因为读不懂。诗人写诗不是为了读不懂，哪怕是古人的诗，也不会是现代人的天书。咬文嚼字固然重要，但咬文嚼字只能弄懂词句，无法融入古诗的意境，更无法感受诗人的情感。没有感动，就不会有记忆。记不住，背不了，就不能获得诗意的熏陶。

问： 古人的感受和我们有什么不同？怎样与古代诗人产生情感共鸣？

答： 用心读出画面，获得"不思而得"的阅读效果，共鸣就会自然产生。人的喜怒哀乐是永恒的，感受却随着时空的变化而常新。古人的感受和我们没有什么两样，区别只在于时间和空间的不同。同样的感受，时间与空间不同，表达的感情也就千变万化、独一无二。这就是诗的奥秘。

问： 《古诗新读》怎样以独特的视角复活了古诗的生命？

答： 只需要尽力与诗人感同身受，获得真实的感受。在真实的情境中，探究诗人为什么写、怎么写、怎么写好。有了这样的阅读，形象和画面自然就鲜活了。比如在新读《咏鹅》时，我们探究真实的情境——在鸡犬相闻的村庄，水池映着蓝天白云，鹅在水中引吭高歌。回归生活的真实，鹅在画面中也就有了真实、生动的生命。

问： 读古诗为什么不能让孩子随意发挥想象？

答： 一些古诗的配图，山是山，树是树，人物也只是人物；一些人读古诗，随意想象画面——比如读王维的《少年行》，有一个小孩想象的是，姐姐骑在马上，妹妹在后面策马追赶，大叫："姐姐等我……"两种方式都不可取。前者实，没有把感受引入想象空间，不能获得诗意；后者虚浮，离题万里。读古诗必须建立在诗人真情实感的形象和画面的基础上，产生共鸣，才能获得诗的审美想象。一千个哈姆雷特，必须是那一个哈姆雷特引发的。

问：怎样把古诗与新读互相映衬，进行交汇阅读，获得思维空间的扩展？

答：古诗受音韵和格律的限制，往往用简洁的文字表达丰富的情感。我们需要在原本的情境中，去探究诗人写了什么、为什么写、怎样写，找到让人感动的"源头"，即诗人的情感怎样用形象和画面表达，获得"不思而得"的本真感受。在新读中获得印证，然后对照新读，体会怎样用语言文字生动地表达诗人的情感，怎样获得生动的画面。

问：《古诗新读》里孩子的画，与古诗、与新读形成了相得益彰的审美效果。孩子们是怎么画出来的呢？

答：孩子是天才画家，或者诗人。把书稿交给孩子，无需做任何"辅导"，他们就能自由发挥。孩子说，从古诗到新读，改变了自己读古诗的思维模式，把读到的形象组合成画面，就能轻松画下来。这个过程，孩子获得了快乐。古诗的表达，新读的诠释，画面的呈现，融合成一个完整的审美过程，互相辉映，以各自不同的美，感染读者，获得真正的阅读效果。

问：有许多语文老师在课堂上用起《古诗新读》了。您能不能介绍一下，他们是怎么给孩子上古诗课的？

答：语文课堂的主要任务是让孩子读懂古诗，完成课后作业，新读则起到辅助、加强阅读效果的作用，让学生进一步理解古诗的意境，完成古诗的审美过程。比如，一位语文老师讲《夜宿山寺》，对于诗意的理解，重在诗人表现的身在其中的感受。授课老师把古诗的简洁明了、产生的想象空间，与新读的情景交融相结合，引导孩子获得了真切的感受，教学效果让大家叹服。

自然，无论是孩子自主阅读，父母与孩子进行亲子阅读，还是语文老师的古诗教学，《古诗新读》都将带去全新的阅读审美体验，激发孩子的情感，让孩子与古诗共鸣，爱上古诗，让古诗成为成长的养分。

目 录

十亩之间 【先秦】佚名 …………… 001

采 薇（节选）【先秦】佚名 …………… 004

江 南 【汉】佚名 …………… 007

绵州巴歌 【魏晋】佚名 …………… 010

迢迢牵牛星 【汉】佚名 …………… 013

长歌行 【汉】佚名 …………… 016

采桑度（其一）【南北朝】佚名 …………… 019

采桑度（其六）【南北朝】佚名 …………… 022

敕勒歌 【南北朝】佚名 …………… 025

折杨柳歌（其四）【南北朝】佚名 …………… 028

折杨柳歌（其五）【南北朝】佚名 …………… 031

长干曲 【南北朝】佚名 …………… 034

杂 诗（其二）【三国魏】曹丕 …………… 037

梁甫行 【三国魏】曹植 …………… 040

野田黄雀行 【三国魏】曹植 …………… 043

读山海经（其十）【晋】陶渊明 …………… 046

饮　酒（其五）【晋】陶渊明 ………… 049

责　子（节选）【晋】陶渊明 ………… 052

赠从弟（其二）【东汉】刘桢 ………… 055

山中杂诗（其一）【南北朝】吴均 ………… 058

娇女诗（节选）【晋】左思 ………… 061

蝉 【唐】虞世南 ………… 064

咏　鹅 【唐】骆宾王 ………… 067

登幽州台歌 【唐】陈子昂 ………… 070

风 【唐】李峤 ………… 073

咏　柳 【唐】贺知章 ………… 076

回乡偶书（其一）【唐】贺知章 ………… 079

登鹳雀楼 【唐】王之涣 ………… 082

凉州词 【唐】王之涣 ………… 085

凉州词 【唐】王翰 ………… 088

枫桥夜泊 【唐】张继 ………… 091

寒　食 【唐】韩翃 ………… 094

小儿垂钓 【唐】胡令能 ………… 097

女耕田行（节选）【唐】戴叔伦 ………… 100

滁州西涧 【唐】韦应物 ………… 103

采莲曲 【唐】李康成 ………… 106

塞下曲（其三） 【唐】卢纶 ………… 109

巴女谣 【唐】于鹄 ………… 112

登鹳雀楼 【唐】畅当 ………… 115

牧童词 【唐】张籍 ………… 118

十五夜望月 【唐】王建 ………… 121

早春呈水部张十八员外（其一）
【唐】韩愈 ………… 124

江　雪 【唐】柳宗元 ………… 127

马　诗（其五） 【唐】李贺 ………… 130

悯　农（其二） 【唐】李绅 ………… 133

乞　巧 【唐】林杰 ………… 136

幼女词 【唐】施肩吾 ………… 139

寻隐者不遇 【唐】贾岛 ………… 142

塞下曲 【唐】许浑 ………… 145

小　松 【唐】杜荀鹤 ………… 148

十亩之间 【先秦】佚名

题解 摘桑叶的人,唱着歌抒发劳动的愉悦心情。

十亩之间兮,
桑者闲闲兮,
行与子还兮!
十亩之外兮,
桑者泄泄兮,
行与子逝兮!

注释 桑者:采桑的人。闲闲:悠闲。行:将要。泄泄:读 yì,和乐的样子。逝:往。

002 **古诗新读**·划着小船去采莲

桑者泄泄兮 / 杨安圣

新 读 十亩以内,一片桑树林,
采桑的人,现在才忙完——
挑着桑叶,快回家去吧!
十亩以外,桑树林一片,
采桑的人,笑得好快乐——
背着桑叶,快回家去吧!

这首诗选自《诗经》,从采桑季节的生活画面入手,捕捉瞬间感受,反复咏叹,直接表达劳动的快乐。

采 薇（节选） 【先秦】佚名

题解 诗人借返乡戍卒的口吻，表达远戍思归的情怀。

> 昔我往矣，杨柳依依。
> 今我来思，雨雪霏霏。
> 行道迟迟，载渴载饥。
> 我心伤悲，莫知我哀。

注释 昔：从前，指出征时。往：指当初去从军。依依：柳枝随风摇曳的样子。思：句末语助词，没有实在意义。雨：读yù，作动词，下雪。霏霏：雪花纷飞的样子。迟迟：迟缓的样子。载：又。莫：没有人。

昔我往矣，杨柳依依 / 夏康嘉

新 读　想起往日我离开家园,
　　　　杨柳依依,留住不断回头的心。
　　　　看我今日返乡的路,
　　　　雪花纷纷扬扬,漫天飘舞!
　　　　临近村,却迈不开沉重的脚步。
　　　　不是因为长途跋涉,又渴又饿,
　　　　我心里的悲哀啊;在沸腾!
　　　　这悲哀,谁人能知道?谁人能知道?

老兵回乡,近乡情更切,昔日杨柳依依,如今雨雪霏霏,让人感伤,催人泪下。

江 南 【汉】佚名

题解 这是一首汉乐府民歌,描绘了采莲人的快乐。

江南可采莲,
莲叶何田田。
鱼戏莲叶间。
鱼戏莲叶东,
鱼戏莲叶西,
鱼戏莲叶南,
鱼戏莲叶北。

注释 何:多么。田田:莲叶茂盛的样子。

008 **古诗新读**·划着小船去采莲

江南可采莲,莲叶何田田 / 彭一芯

新 读 划着小船去采莲,荷叶无边际!
采啊采,水中鱼儿在嬉戏——
在东边荷叶下,在西边荷叶下,
在南边荷叶下,在北边荷叶下……

《江南》用简单、重复的语言,从"我"的视角出发,让小船带我们进入画面,感受劳动的快乐和鲜活画面里的诗意。

绵州巴歌 【魏晋】佚名

题解 魏晋时期四川绵阳地区的民歌,描绘了奇丽的山水风光,富有神话色彩。

豆子山,打瓦鼓;
阳坪山,撒白雨。
白雨下,娶龙女。
织得绢,二丈五。
一半属罗江,一半属玄武。

注释 绵州:四川绵阳。豆子山:窦圌山。瓦鼓:乡村演奏的鼓乐。阳坪山:阳平山,在四川中江。白雨:晴空骤雨。罗江:四川罗江县。玄武:玄武县,即四川中江县。

白雨下,娶龙女 / 唐诗瑜

新 读 远望豆子山,溪涧里的流水,像在敲瓦鼓;
来到阳平山,流水溅岩石,犹如晴空落急雨。
白茫茫,雾腾腾,是不是有人在忙着娶龙女?
织出眼前一匹白绢,那么长,那么宽……
直泻而下到罗江,哗啦哗啦,直奔玄武县!

《绵州巴歌》描写四川绵阳一带的地理风光,为读者展现了一幅壮美绵延的山水图景。借用神话故事将现实与虚幻交织,使诗的画面充满奇幻的色彩。

迢迢牵牛星 【汉】佚名

题解 作者借牛郎织女的神话，抒发自己的悲伤和愤懑之情。

迢迢牵牛星，皎皎河汉女。
纤纤擢素手，札札弄机杼。
终日不成章，泣涕零如雨。
河汉清且浅，相去复几许。
盈盈一水间，脉脉不得语。

注释 迢迢：遥远。皎皎：明亮。河汉女：指织女星，与牵牛星隔银河相望；河汉，即银河。擢：读zhuó，伸出。素：白皙。札札：织机发出的响声。弄：摆弄。杼：读zhù，织机上的梭子。章：花纹。零：落下。相去：相离，相隔。盈盈：清澈的样子。脉脉：相视无言的样子。

迢迢牵牛星，皎皎河汉女 / 何姿

新 读 牵牛星看起来很远,
银河边的织女星亮晶晶。
我却看见她伸出白皙的手,
咯吱咯吱织布忙。
一天到晚织不成一匹,
低着头悄悄哭泣。
横亘天空的银河那么清浅,
却又相隔天涯。
含情脉脉眺望银河对岸,
泪水盈盈,相对无语!

诗人将视角锁定在具体的形象上,描绘星空,刻画织女织布的手和哭泣的样子,再写银河,让我们在真切宏大的画面中感受诗意。

长歌行 【汉】佚名

题解 "长歌行"是汉乐府曲题。这首诗劝诫世人惜时奋进。

青青园中葵,朝露待日晞。
阳春布德泽,万物生光辉。
常恐秋节至,焜黄华叶衰。
百川东到海,何时复西归。
少壮不努力,老大徒伤悲。

注释 晞:读 xī,被太阳晒干。布:布施,给予。德泽:恩惠。焜:读 kūn,鲜亮。华叶:花叶。衰:衰败。徒:白白地。

少壮不努力，老大徒伤悲 / 吴妍曦

新 读 园子里葵叶碧绿，早晨的露水慢慢变干。
春天的阳光洒向大地，世间万物熠熠生辉。
我时常担心秋天一到，花叶就凋零。
唉，就像百川之水汇东海，何时才能流回来？
年轻时候不努力，胡须白了，后悔也没用！

万物生辉，作者以花叶的繁茂到衰败为比喻，引申出关于生命流逝的感慨，劝诫人们珍惜时光、珍爱生命。

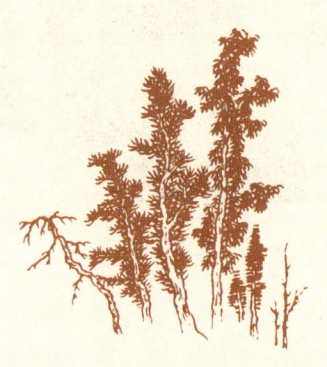

采桑度（其一） 【南北朝】佚名

题 解 这首南北朝时期的民歌，描写了女子采摘桑叶、快乐劳动的情景。

蚕生春三月，
春桑正含绿。
女儿采春桑，
歌吹当春曲。

注 释 歌吹：唱歌和吹奏。当春：正当春天。

020 **古诗新读**·划着小船去采莲

蚕生春三月,春桑正含绿 / 刘阳晨馨

新 读 春风吹三月,蚕种破壳小蚕出,
春雨已把桑树林染成一片绿。
快去采桑哪,快去采桑哪,
枝叶风中摇晃,像一片海洋。

这首诗是南北朝时期的民歌,富有地方特色,具有强烈的现实性。新读语言精练、形象生动、画面鲜明,让人感受到劳动的快乐。

采桑度（其六） 【南北朝】佚名

题解 这首南北朝时期的民歌，同样是描写了女子采摘桑叶、快乐劳动的情景。

采桑盛阳月，
绿叶何翩翩。
攀条上树表，
牵坏紫罗裙。

注释 盛阳月：春光明媚的月份。条：树的枝条。树表：树梢。牵坏：扯破。

攀条上树表,牵坏紫罗裙 / 彭崎涵

新读 春光明媚啊,采桑去。
绿叶闪闪啊,蝴蝶舞。
攀着枝条啊,上树梢,
哎呀,扯破我的紫衣裙!

这是一首歌唱江南女子春日劳动的乐府民歌,轻快的情绪从字里行间溢出。阳光明媚,桑枝摇曳,画面有声有色,更显生动。

敕勒歌 【南北朝】佚名

题解 这首民歌借用北国草原风光,抒写了牧人的自由豪放。

敕勒川,阴山下,
天似穹庐,笼盖四野。
天苍苍,野茫茫,
风吹草低见牛羊。

注释 敕勒川:泛指敕勒人聚居地区的河川。阴山:又名大青山,坐落在内蒙古高原上。穹庐:毡帐,现在所说的蒙古包。见:同"现",显现。

026　**古诗新读** · 划着小船去采莲

天苍苍，野茫茫，风吹草低见牛羊 / 郑昊宇

新 读 人民赖以生存的平川,在绵绵的阴山之下。
天空像是我们的蒙古包,笼盖着四野八方。
头顶布满云层,大地起伏涌动,一片苍茫。
大风卷过,牧草的浪尖上,现出牧人和牛羊。

《敕勒歌》是一首民歌,它用简洁有力的语言描摹了一幅苍茫广袤的自然画卷,抒写敕勒人热爱家乡和生活的豪情,境界开阔,音调雄壮。

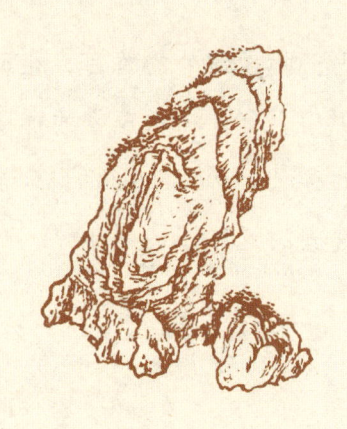

折杨柳歌（其四） 【南北朝】佚名

题 解 南北朝时期的北方民歌，展现了北方少数民族孩子的天真。

遥看孟津河，
杨柳郁婆娑。
我是虏家儿，
不解汉儿歌。

注 释 孟津河：指孟津处的黄河，在河南孟县（今孟州市）南。郁：树木茂密的样子。婆娑：盘旋舞动的样子。虏家儿：胡儿，古代汉族对北方少数民族的贬称。

我是虏家儿，不解汉儿歌 / 郑淼兮

新 读 远远看见孟津河，
杨柳依依风中舞动。
我是北方小孩子，
听不懂南方小儿唱什么。

遥望孟津河，歌者看见杨柳在春风中摇动，用直白的语言抒发心中感想。

折杨柳歌（其五） 【南北朝】佚名

题 解 这也是一首南北朝时期的北方民歌，展现了北方少数民族孩子的天真。

健儿须快马，
快马须健儿。
跛跋黄尘下，
然后别雄雌。

注 释 健：强健。跛跋：读 bì bá，形容急促的马蹄声。别：区分，分辨。雄雌：胜负。

032 **古诗新读**·划着小船去采莲

跹跋黄尘下,然后别雄雌 / 李坤蔚

新 读 好马配好鞍,

好鞍配好男。

一路黄尘马蹄疾,

跑在前头是好汉!

新读前两句干净利落、简明直接,后两句用黄尘、马蹄疾等形象直抒胸臆,张扬少年豪侠的英气,富有感染和冲击力。

长干曲 【南北朝】佚名

题解 南北朝民歌,展现了渔家女子在风浪中成长的生动形象。

逆浪故相邀,
菱舟不怕摇。
妾家扬子住,
便弄广陵潮。

注释 逆浪:顶着浪头。妾:古代女子的自称。扬子:扬子江,今长江下游一带。广陵潮:古时扬州叫广陵,广陵潮指这一带扬子江的潮水。

妾家扬子住，便弄广陵潮 / 沈瑞婷

新 读 一道道大浪扑来,我迎面往前闯。
你问我家住哪里?就是这条扬子江!
我的小船,像一片菱叶,在浪中颠簸。
和波浪一起,钻进大江底,飞在浪尖上!

诗歌以女子的口吻直抒胸臆,刻画自己在风浪里闯荡的情境,形象生动,点染出江南水乡女子的精干飒爽。

杂　诗（其二）　【三国魏】曹丕

题解　诗人借物抒情，抒发游子久客他乡的郁闷心情。

西北有浮云，亭亭如车盖。
惜哉时不遇，适与飘风会。
吹我东南行，行行至吴会。
吴会非我乡，安得久留滞？
弃置勿复陈，客子常畏人。

注释　亭亭：高耸的样子。车盖：车篷。时不遇：没遇到好时机。适：正值，恰巧。飘风：暴风，比喻乱世。行行至吴会：泛指游子从西北漂泊到东南。滞：停留。弃置：放在一边。陈：叙说。畏人：怕被人欺负。

038 **古诗新读**·划着小船去采莲

西北有浮云,亭亭如车盖 / 王誉涵

新 读 我是一朵浮云,来自西北的天空,
悬浮在高处,像一顶孤独的车篷。
可惜我还没能成一道美丽的风景,
突然就遭遇一阵瞬息万变的暴风。
用力撕扯我,把我吹到东南方向;
要我消散,把我吹到吴郡与会稽。
悬浮在高处,像一顶孤独的车篷,
这不是我故乡,怎么能长久停留?
不要说,高处不胜寒,孤苦伶仃,
我是来自远方的过客,只怕被欺负。

诗人以浮云自喻,抒写自己漂泊的命运及悲戚的心情。诗歌画面贴切、生动,揭示游子流落他乡的身不由己,韵味浓郁。

梁甫行 【三国魏】曹植

题解 诗人目睹战事不断的边海残破荒凉的景象,表达自己的悲悯之情。

八方各异气,千里殊风雨。
剧哉边海民,寄身于草野。
妻子象禽兽,行止依林阻。
柴门何萧条,狐兔翔我宇。

注释 梁甫行:乐府曲调名。八方:四面八方,这里泛指各地。异气:气候不同。千里:比喻各地相距遥远。剧:艰难。哉:表示感叹。妻子:妻子儿女。象禽兽:形容极其贫困落后的非人生活。行止:行动和休息,泛指生活。翔:自在地行走。

剧哉边海民，寄身于草野 / 叶子宜

新 读 天下各地，气候原本不一样，
这里春风阳光，那里有雪雨。
多么悲哀呀，大海边的劳动人，
只能在野外的草丛里生活。
他们的妻子和儿女，却像山中野兽，
生活在险阻的山林。
往日的柴门破败不堪，
只有狐狸野兔跑进跑出，屋梁间窜。

诗人描写渔民因社会动乱流离失所，不得不逃到荒山野岭，像野兽一样生活的凄惨现状。人物形象生动，感情慷慨激愤。

野田黄雀行 【三国魏】曹植

题解 诗人用讲故事的方式,抒写自己无力拔剑救出黄雀的悲愤心情。

高树多悲风,海水扬其波。
利剑不在掌,结交何须多?
不见篱间雀,见鹞自投罗?
罗家见雀喜,少年见雀悲。
拔剑捎罗网,黄雀得飞飞。
飞飞摩苍天,来下谢少年。

注释 篱间雀:出没篱笆间的小鸟。鹞:一种凶猛的鸟,像鹰。罗家:张布罗网的人。捎:挥击。飞飞:飞得轻快的样子。

044 **古诗新读** · 划着小船去采莲

拔剑捎罗网,黄雀得飞飞 / 李沛聪

新 读 狂风吹得大树摇，海水哗哗掀波涛。
手中没有仗义剑，我拿什么交朋友？
可怜篱笆落小鸟，一见鹞子投罗网。
布网人倒很高兴，我的心里好悲伤！
多想拔剑劈开网，好让小鸟快飞走，
一直飞到蓝天上，回头谢我出手帮。

诗人感慨自己无力救人于危难，用讲故事的方式抒写内心情感。诗歌形象生动，画面鲜明，令人感动。

读山海经（其十） 【晋】陶渊明

题解 诗人读《山海经》，与精卫、刑天的神话产生共鸣，写了这首诗。

精卫衔微木，将以填沧海。
刑天舞干戚，猛志固常在。
同物既无虑，化去不复悔。
徒设在昔心，良辰讵可待。

注释 精卫：《山海经》中，炎帝的女儿精卫溺死在东海后，变成小鸟，每天衔西山的木石，想填平大海。刑天：《山海经》中的神兽，被砍掉脑袋仍然挥舞兵器战斗。干戚：盾与斧，指兵器。同物：同为有生命之物，指精卫、刑天的原形。化去：化为别的事物。

徒设在昔心，良辰讵可待 / 汪子皓

新 读 像精卫执着坚韧,衔着小树枝,
想要填平大海。
像刑天矢志不移,被砍掉脑袋,
还高举斧头与盾牌。
我活着一往无前,
难道死去还会后悔?
如果没有昔日的雄心壮志,
怎么能有美好未来!

诗人以《山海经》中的神话表明心志,称叹精卫、刑天,表达自己的反抗精神,赞美勇敢的品格。

饮 酒（其五） 【晋】陶渊明

题解 诗人隐居田园，借酒抒怀，先后以"饮酒"为题写下二十首诗，这是其中的第五首。

结庐在人境，而无车马喧。
问君何能尔？心远地自偏。
采菊东篱下，悠然见南山。
山气日夕佳，飞鸟相与还。
此中有真意，欲辨已忘言。

注释 结庐：建造房舍。尔：如此，这样。悠然：闲适淡泊的样子。日夕：傍晚。

山气日夕佳，飞鸟相与还 / 何晨曦

新 读 把我的茅屋修建在这个村子里,
因为这里安静,没有车马喧闹。
莫问我为何能够做到无欲无求,
我内心平静志存高远不怕偏僻。
每天我在东边的篱笆下采菊花,
抬头就看见幽深莫测南边的山。
天气多么好啊夕阳落在小河里,
一群鸟鸣叫着飞回屋外的树林。
我知道人生真谛就包含画面中,
在心里获得的顿悟却无法说出。

诗人远离繁杂的世俗生活,抒发怡然自得的心情,"采菊东篱下,悠然见南山"更是成为文人们追求的一种人生境界。诗歌简洁优美,表现向往自然、追求平静的情怀。

责 子（节选） 【晋】陶渊明

题解 大诗人陶渊明的儿子们不求上进，于是他写诗表达忧思。

白发被两鬓，肌肤不复实。
虽有五男儿，总不好纸笔。
阿舒已二八，懒惰故无匹。
阿宣行志学，而不爱文术。
雍端年十三，不识六与七。
通子垂九龄，但觅梨与栗。

注释 二八：十六岁。故：本来，一向。无匹：无人能比。行：将近。志学：立志学习之年，十五岁。雍端：雍和端是两个孩子的名字。垂：接近。九龄：九岁。

通子垂九龄，但觅梨与栗 / 郑雅丹

新 读 唉,现在鬓发已斑白,身体渐渐衰老。
虽然养了五个儿子,没有一个爱诗书!
大儿子已经十六岁,像条懒虫无人比。
二儿子也该立志向,从来不摸纸与笔。
雍、端刚好满十三,却倒拿书本不识数。
小儿即将九岁了,蹦来跳去只晓得吃……

这首诗的选材真实有趣。诗人望子成龙,儿子们却不求上进。他一一罗列几个儿子的缺点,描摹准确,形象生动。

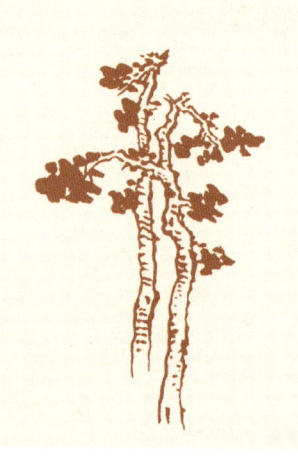

赠从弟（其二） 【东汉】刘桢

题解 诗人写诗送给从弟（堂弟），勉励他，也表达自己的志向。

亭亭山上松，瑟瑟谷中风。
风声一何盛，松枝一何劲！
冰霜正惨凄，终岁常端正。
岂不罹凝寒？松柏有本性。

注释 亭亭：挺拔的样子。一何：多么。罹：读 lí，遭受。凝寒：严寒。

056 **古诗新读**·划着小船去采莲

风声一何盛,松枝一何劲 / 施安睿

新读 松树挺拔在山顶,谷底风声呼呼响。

风声啊,多么响亮;松树啊,多么倔强!

冰霜肆虐草藤凋零,只有松树屹立不动。

难道它不害怕这严酷的寒冬?

四季常绿的松柏树,本性自有坚贞。

诗人以物喻人,借物抒情,以松树寄托自己对弟弟的祝愿。全诗语言质朴,刚劲峭拔而又情深意长。

山中杂诗（其一） 【南北朝】吴均

题解 诗人写山中幽居所见的景象，刻画十分传神。

山际见来烟，
竹中窥落日。
鸟向檐上飞，
云从窗里出。

注释 窥：从缝隙中看。

山际见来烟，竹中窥落日 / 刘钎语

新 读 山峦之间,林烟袅袅,
竹林的缝隙钻进夕阳。
东边悬崖上,青瓦屋顶群鸟飞,
白云漫漫,飘进那扇小木窗。

面对落日时刻的莽莽大山,诗人把视角锁定在山间的烟岚、竹林缝隙中的夕阳、屋檐上的飞鸟和穿窗而过的白云上。这些具体形象组合成生动空灵的画面,表现了诗人闲适的心情。

娇女诗（节选） 【晋】左思

题解 诗人被小女儿的天真烂漫感染，写诗刻画其生动形象，展现童心。

小字为纨素，口齿自清历。
鬓发复广额，双耳似连璧。
明朝弄梳台，黛眉类扫迹。
浓朱衍丹唇，黄吻澜漫赤。

注释 小字：乳名。口齿：说话表达。清历：清楚、明白。广额：宽额头。连璧：一对美玉。明朝：清早。类：好像。扫迹：扫地的痕迹。黄吻：黄口，指小孩的嘴唇。

062 **古诗新读**·划着小船去采莲

明朝弄梳台，黛眉类扫迹 / 补鑫月

新 读 她是妹妹，乳名叫纨素，
说话声音清脆，表达准确，像放鞭炮。
乌黑的刘海遮住额头下的大眼睛，
小巧的双耳透着阳光，像一对玉石。
喜欢跑到梳妆镜前，在眉毛上描，
脸蛋上抹，弄得像一个花脸猫。
还把朱砂涂满嘴唇，让她一张小嘴巴，
颜色鲜艳，像一朵神气的红花。

抓住人物特点进行描写，人物在生活画面中，才能富有鲜活的生命。诗人刻画女儿的外貌，选取日常生活中的几个片段，使人物形象自然、生动、可爱。

蝉 【唐】虞世南

题解 诗人托物言志,抒写自己的人生慨叹。

垂緌饮清露,
流响出疏桐。
居高声自远,
非是藉秋风。

注释 垂緌:低垂着触须。流响:传出声响,指蝉长鸣不止。疏桐:枝叶扶疏的梧桐树。藉:凭借,依靠。

垂緌饮清露，流响出疏桐 / 谢思仪

新 读 趴在树梢枝头，啜饮清凉的露水，
一声声鸣叫飞出枝叶扶疏的梧桐。
你的声音穿透长空，传得那么远，
凭借的，并不仅仅是秋风的力量。

古人写诗力求精练，把充满情意的画面浓缩在简洁的文字中，仔细品味，诗意无穷。诗人以物喻人，借蝉言志，让蝉的形象在画面中更加清晰、生动，更加准确地表达诗意。

咏 鹅 【唐】骆宾王

题解 据说骆宾王七岁时,由旁人命题,写下这首《咏鹅》。

鹅鹅鹅,
曲项向天歌。
白毛浮绿水,
红掌拨清波。

注释 曲项:弯曲的脖子。

068 **古诗新读**·划着小船去采莲

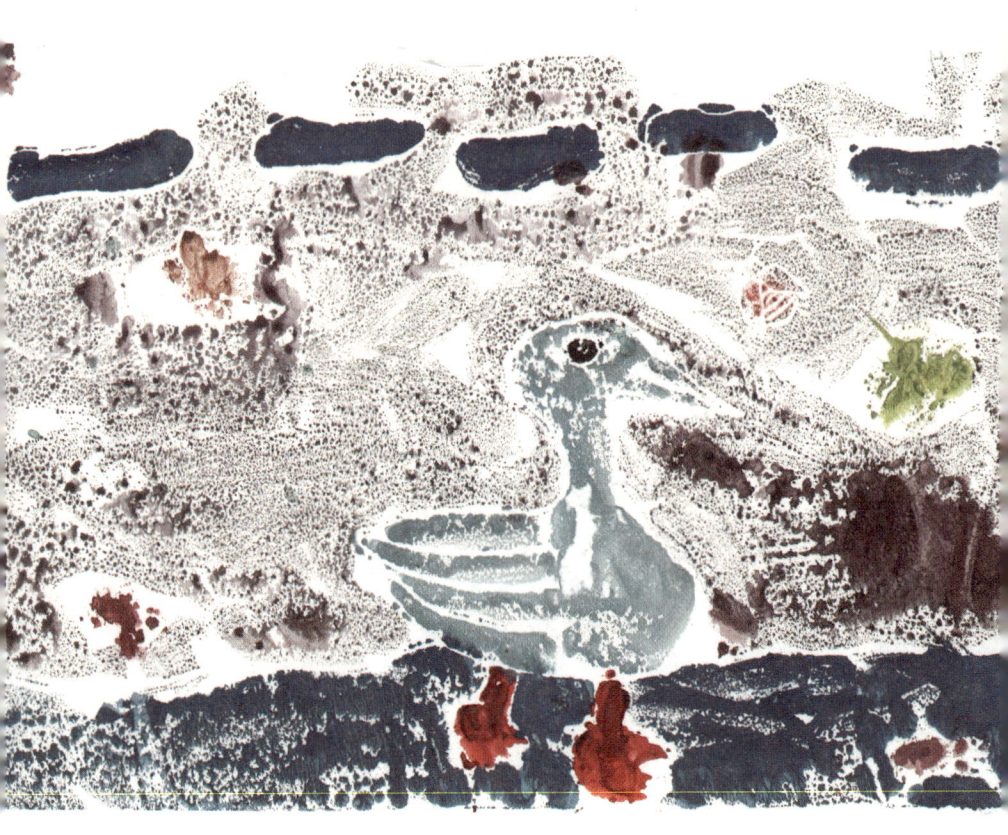

白毛浮绿水,红掌拨清波 / 瞿文希

新 读 可爱的小鹅,可爱的小鹅,
你弯着脖子朝天空唱什么?
像一朵棉花浮在水面上,
你的红脚掌,拨乱蓝天与云朵!

诗人刻画小鹅"向天歌""浮绿水""拨清波"的鲜活形象,将静态与动态、声音与色彩完美结合,让活灵活现的画面拨动读者的心弦。

登幽州台歌 【唐】陈子昂

题 解 诗人登上幽州台,触景生情,抒写自己壮志不酬的感慨。

前不见古人,
后不见来者。
念天地之悠悠,
独怆然而涕下!

注 释 悠悠:形容时间的久远和空间的广大。怆然:悲伤的样子。涕:眼泪。

独怆然而涕下 / 熊羽洋

新 读 啊，往前看，没有看见古时人；
朝后看，也看不见有人跟着来！
大地啊，那么广袤无边，一片苍凉；
天空啊，依然没有边际，风起云涌！
伫立在这里，我禁不住泪流满面！

诗人登高望远，思绪穿越时空，直抒胸臆，表达怀才不遇的情感。全诗语言苍劲奔放、刚健有力，富有强大的感染力。

风 【唐】李峤

题解 诗人春游泸峰山,迎风而行,随口吟出这首诗。

解落三秋叶,
能开二月花。
过江千尺浪,
入竹万竿斜。

注释 解:解开,这里指吹。三秋:农历九月,指秋天。二月:农历二月,指春天。过:经过。斜:倾斜。

074 **古诗新读**·划着小船去采莲

过江千尺浪,入竹万竿斜 / 补鑫月

新 读 吹落秋天的树叶，飞起满天黄蝴蝶。

吹开春天的花朵，给原野铺上彩锦。

跳进大江掀波浪，犹如雪岭连山倒，

闯进一片竹海中，摇动竹梢掀海涛。

诗人写起风的自然现象，让无形的风变得有形。新读中的风亦形象鲜明，有声有色，给读者带来震撼。

咏柳 【唐】贺知章

题解 诗人借柳树抒发对春天的热爱。

碧玉妆成一树高,
万条垂下绿丝绦。
不知细叶谁裁出,
二月春风似剪刀。

注释 碧玉：比喻春天嫩绿的柳叶。丝绦：用丝编成的绳带。

不知细叶谁裁出，二月春风似剪刀 / 罗成月婷

新 读 春天到了,春天到了,邻家姐姐已长高!
早晨河边忙梳头,鹅黄细柳千万条。
燕子飞来剪几刀,春风吹来剪几刀,
河边树影水中摇,绿色丝绦飘呀飘。

诗人抓住柳条和柳叶的特点,把春风比作剪刀,"剪"出锦绣的春天。新读拓展了诗意,聚焦女孩、柳树、燕子、春风、树影等形象,精雕细刻,重现鲜活生动的画面。

回乡偶书（其一） 【唐】贺知章

题 解 诗人告老还乡，触景生情，写下这首乡情诗。

少小离家老大回，
乡音无改鬓毛衰。
儿童相见不相识，
笑问客从何处来。

注 释 偶书：随手写下的诗。少小离家：贺知章约三十六岁中进士，但在此之前就离开家乡了。老大：年纪大了，贺知章回乡时已年逾八十。鬓毛：额角边靠近耳朵的头发。衰：减少。

080 **古诗新读**·划着小船去采莲

笑问客从何处来 / 阳孟辰

新 读 离家多久了？我已经记不清，
现在老了才返乡。
家乡的口音虽然没有改变，
可是我鬓发已斑白。
一群孩子跑过来，
好奇地打量我这个陌生的人，
他们围着我，笑着问：
"老爷爷，你从哪里来呀？"

诗人置身于熟悉又陌生的家乡，百感交集，用儿童笑问的场面表达自己的感慨和无奈，画面富有生活情趣。

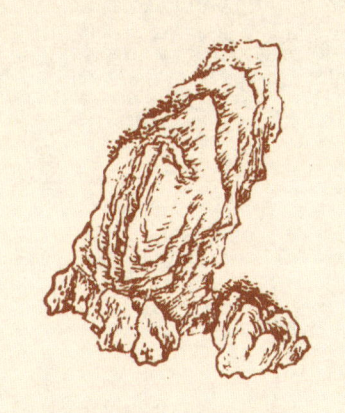

登鹳雀楼 【唐】王之涣

题 解 诗人登上高楼,触景生情,抒发感慨。

> 白日依山尽,
> 黄河入海流。
> 欲穷千里目,
> 更上一层楼。

注 释 鹳雀楼:旧址在山西蒲州(今山西永济)。依:紧靠。欲穷:想要穷尽。

欲穷千里目,更上一层楼 / 宵子坤

新 读 远山渺如云烟，夕阳好似血团，
怦然落进黄河，浪涛滚滚而去。
朋友啊，你想把世界尽收眼底？
攀登吧，只有登上更高的地方！

《登鹳雀楼》因登高望远、鼓励上进，成为家喻户晓、传播深远的唐诗之一。诗人眺望奔流的黄河，抒发自己的人生感慨，读来气势充沛，富有力量。

凉州词 【唐】王之涣

题 解 诗人描绘了一幅广漠壮阔的边塞画卷。

黄河远上白云间,
一片孤城万仞山。
羌笛何须怨杨柳,
春风不度玉门关。

注 释 凉州词:曲调名。仞:古代的长度单位,一仞约等于1.8米。羌笛:唐代边塞乐器。杨柳:《折杨柳》曲,古人以折杨柳表达送别感情。度:吹过。玉门关:故址在今甘肃敦煌西北小方盘城,古代为通往西域的要道。

古诗新读 · 划着小船去采莲

一片孤城万仞山 / 曾慧怡

新 读 黄河蜿蜒如彩带，从白云间飘来，
万仞高山，拥抱着一座小城。
吹起羌笛杨柳曲，多喝一杯酒吧，
到了玉门关，连春风都难以过去！

这是一首边塞诗，也是一首送别诗。诗人描绘边塞苍凉的画面，抒发戍边将士远离故土、奔赴边塞的怀乡之情。有声有色的画面，使诗歌充满美的张力。

凉州词 【唐】王翰

题解 诗人阵前饮酒壮行,写诗抒发豪气,倾吐情怀。

葡萄美酒夜光杯,
欲饮琵琶马上催。
醉卧沙场君莫笑,
古来征战几人回?

注释 夜光杯:用美玉制成的杯子,夜间能够发光,这里指极精致的酒杯。欲:正要。沙场:战场。

欲饮琵琶马上催 / 杨滇环

新 读 举起亮晃晃的杯子,
把葡萄酿成的美酒往肚子里猛灌。
喝吧,喝吧,马背上的琵琶,
一声声击打着我们的心。
别看我已经烂醉如泥,战场冲杀不会含糊,
所以不要笑我!
喝吧,喝吧,踏上眼前这片古战场,
有几个人能活着回来!

诗人用了二十八个字,刻画了边塞将士饮酒壮行狂欢的场景。琵琶声响彻云霄,将士们视死如归,一醉方休。人物形象栩栩如生,画面雄浑苍凉,充满激情。

枫桥夜泊 【唐】张继

题解 诗人泊舟枫桥,夜半闻钟,心有所感,写下这首意境清远的诗。

月落乌啼霜满天,
江枫渔火对愁眠。
姑苏城外寒山寺,
夜半钟声到客船。

注释 枫桥:在今江苏苏州。姑苏:苏州的别称,因苏州有姑苏山而得名。寒山寺:枫桥附近的一座寺庙,相传唐代僧人寒山曾居住于此。

092 **古诗新读**·划着小船去采莲

江枫渔火对愁眠 / 姜隽予

新 读 月亮落下,乌鸦啼叫,寒霜冻住天空。
忧愁难眠,独对摇曳的枫树和渔火。
姑苏城外,寒山寺万籁俱寂,
突然响起钟声,迎接远道而来的客船?

诗人先用月落、乌啼、江枫、渔火等组合渲染了一幅画面,最后画龙点睛,让寒山寺的钟声响起,宁静悠远,揭示夜的深永和清寥。幽美的景色,伤感的愁绪,引人共鸣。

寒　食　【唐】韩翃

题　解　在寒食节那天，诗人有感而发，写诗讽喻。

春城无处不飞花，
寒食东风御柳斜。
日暮汉宫传蜡烛，
轻烟散入五侯家。

注　释　寒食：寒食节，通常在冬至后的第105天，过去在节日期间不能生火做饭。春城：指春天的京城。御柳：皇城里的柳树。汉宫：这里用汉代皇宫来借指唐代皇宫。传蜡烛：寒食节普天下禁火，但权贵宠臣可因皇帝恩赐而得到燃烛。这里指宫中传赐新火。五侯：这里泛指权贵豪门。

寒食东风御柳斜 / 申宇彤

新读 柳絮在飞,地上铺满落花,城市已到暮春,春风吹不出袅袅炊烟,只吹斜河边的柳条。夜色降临蛙鼓起,皇宫里蜡烛点点在摇曳,王公贵族豪华的庭前,炫耀着独有的尊贵。

面对生活场景和自然风光,情动于中,才能有感而发。诗人善于渲染情境,描绘暮春画面,以人间冷清衬托王公贵族的热闹生活,暗含讽谏。

小儿垂钓 【唐】胡令能

题 解 诗人随手记录途中所遇儿童垂钓的画面。

蓬头稚子学垂纶,
侧坐莓苔草映身。
路人借问遥招手,
怕得鱼惊不应人。

注 释 蓬头:散乱着头发。稚子:小孩子。纶:钓鱼用的丝线。

098 **古诗新读**·划着小船去采莲

怕得鱼惊不应人 / 施宛坪

新 读 神情专注的小孩在钓鱼,
头发乱蓬蓬,躲在杂乱草丛中。
我对他直招手,大声地问路,
他怕鱼儿受扰,假装没听见!

诗人远见钓鱼的孩子,仔细观察他的形象和动作,传神地刻画了孩子天真生动的形象,形神兼备,富有趣味。

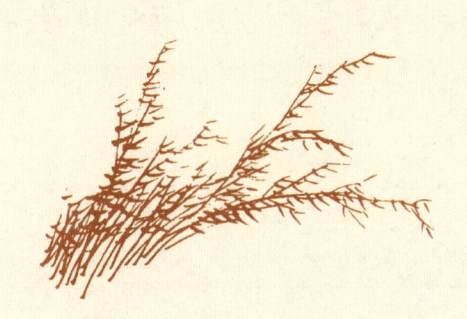

女耕田行（节选） 【唐】戴叔伦

题解 诗人目睹战争给乡村带来的萧条，写诗反映农人困苦的现实。

乳燕入巢笋成竹，谁家二女种新谷。
无人无牛不及犁，持刀斫地翻作泥。
日正南冈下饷归，可怜朝雉扰惊飞。
东邻西舍花发尽，共惜馀芳泪满衣。

注释 斫地：用刀砍着翻土。日正：太阳当顶，正午。下饷：收工吃饭。朝雉：野鸡。馀芳：剩下的花。

谁家二女种新谷 / 贾翼骋

新 读 刚刚孵出的燕子在窝里叽叽叫,
竹林里的笋子已经长成了新竹,
村外的田野里,谁家女孩在种庄稼啊?
没有男人,没有牛,地还没犁。
她们举着两把砍刀,当作翻泥的工具。
这时太阳已经当空,该回家吃午饭了,
她们还在用刀翻泥,咔咔的响声惊飞了野鸡。
唉,左邻右舍院里的花朵已经开尽,
你们两个女孩子呀,却没有一点欣赏的闲暇,
我们为你们的命运惋惜、掉泪……

《女耕田行》讲了一对贫苦的姐妹用砍刀作犁地工具、忙着种田的故事。诗中没有说她们劳动的前因后果,只是用乳燕、新竹和正午的太阳、东邻西舍的残花来渲染情境,让人产生丰富的联想。

滁州西涧 【唐】韦应物

题 解 诗人独步滁州西涧，借景述意。

独怜幽草涧边生，
上有黄鹂深树鸣。
春潮带雨晚来急，
野渡无人舟自横。

注 释 滁州：今安徽滁州。西涧：在滁州城西郊野。怜：喜欢。幽草：幽谷里的小草。横：指随意漂浮。

104 古诗新读·划着小船去采莲

上有黄鹂深树鸣 / 李晨馨

新 读 我爱那溪水淙淙涧边茂草密,
更爱那树林深处黄鹂在鸣啭。
傍晚一场骤雨哗哗哗像春潮,
白茫茫水面上小船儿独自漂。

这首写景的小诗并没有描写壮阔华丽之景,而是把视角锁定在幽草、黄鹂、骤雨、小船这些寻常的形象上。诗人以情写景,自然地流露出恬淡和忧伤,让读者也仿佛置身其中。

采莲曲 【唐】李康成

题解 诗人歌咏女孩采莲的劳动场景,表现清新明净的美感。

采莲去,月没春江曙。
翠钿红袖水中央,
青荷莲子杂衣香,
云起风生归路长。
归路长,那得久。
各回船,两摇手。

注释 没:落下。曙:天亮。翠钿:绿玉做的首饰。杂:混合。

采莲去，月没春江曙 / 廖家希

新 读 月亮落水哗哗响,江面晨光波粼粼,
去采莲哦,去采莲!女孩子水上闹嚷嚷——
小船在水面摇晃,
翡翠的头饰、粉红的裙裾,也在水面摇晃;
荷叶和莲子的香味,与衣衫的香味一起飘荡。
傍晚,天边飘来云团,迎面风声呼呼响,
快回家呀,快回家呀!女孩子水上闹嚷嚷——
回家的路虽然很长,但是终究要分开呀,
各自摇回小船,互相挥挥手,
咿呀的桨声消失在荷叶丛中。

这首诗读起来非常活泼、跳跃。月落、早霞、波光粼粼的江面……女孩的欢声笑语、衣裙飘飘,让劳动的快乐与纯真的友情韵味悠长。

塞下曲（其三） 【唐】卢纶

题解 诗人刻画将领雪夜率兵追敌的生动画面，气概豪迈。

月黑雁飞高，
单于夜遁逃。
欲将轻骑逐，
大雪满弓刀。

注释 塞下曲：古时边塞的军歌。单于：代指入侵者的最高统帅。遁：逃走。逐：追赶。满：沾满。

110 **古诗新读**·划着小船去采莲

大雪满弓刀 / 赵奕含

新 读 夜里没有月亮,大雁从高空掠过,
入侵者的首领趁夜色悄悄要逃跑。
快集合矫健骑兵追赶,冲出军营,
我的大刀闪亮,搅动大雪漫天飘!

写一场战事,诗人不写过程,而是用形象和画面渲染神秘的气氛。从雪夜的严酷环境到追击时的紧张,最后把视角凝聚在雪亮的大刀上,让它联结时空,弘扬英雄豪情。

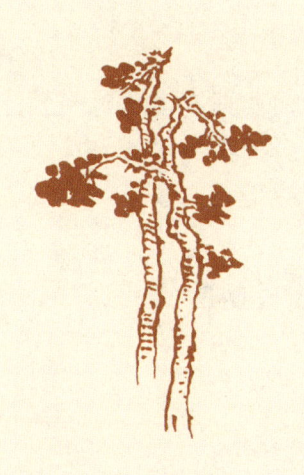

巴女谣 【唐】于鹄

题解 诗人描写巴渝乡村风光,刻画牧女可爱的形象。

巴女骑牛唱竹枝,
藕丝菱叶傍江时。
不愁日暮还家错,
记得芭蕉出槿篱。

注释 竹枝:巴渝一带的民歌。槿篱:木槿做的篱笆。

巴女骑牛唱竹枝 / 罗孝文

新 读 巴江边长大的小女孩,在牛背上唱山歌。
夏天的风吹荷花香,江边菱叶绿闪闪。
夕阳西下了,别怕我玩到天黑迷了路,
知道家家的芭蕉木槿绿,我家窗口亮着灯。

诗人以平易清新的笔触,如画家一般描绘了一幅恬静闲雅的巴女放牛图。巴女不怕迷路的"自白",使画面与人物变得生动有趣。

登鹳雀楼 【唐】畅当

题解 诗人登上黄河岸边的鹳雀楼,描绘出眼前的壮阔景象。

迥临飞鸟上,
高出世尘间。
天势围平野,
河流入断山。

注释 迥:远远地。世尘:人世尘俗。

天势围平野,河流入断山 / 张语芯

新 读 在远远的飞鸟之上,
在高高的尘嚣之上。
天空笼罩着茫茫原野,
蜿蜒的黄河,流进断裂的群山。

诗人登临高楼,极目远眺,天空、大地、黄河、群山……诗人一边看一边画出一幅雄浑的黄河图,把视觉反差应用到景物描写中,更易引发读者共鸣。

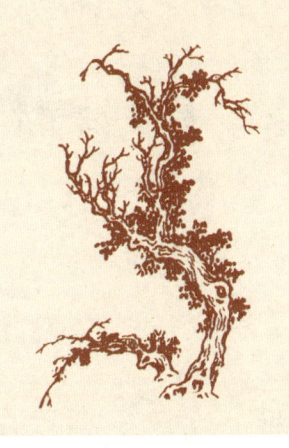

牧童词 【唐】张籍

题解 诗人借牧童之口,展现乡村的真实景象,针砭时弊。

远牧牛,绕村四面禾黍稠。
陂中饥鸟啄牛背,令我不得戏垄头。
入陂草多牛散行,白犊时向芦中鸣。
隔堤吹叶应同伴,还鼓长鞭三四声:
"牛牛食草莫相触,官家截尔头上角!"

注释 稠:又多又密。陂:塘岸或河岸。鼓:响。尔:你。

远牧牛，绕村四面禾黍稠 / 代芷凝

新 读 到远处的山野去放牛,
要远离村子周围长满禾苗的地方。
在河滩边上,饥饿的鸟儿飞到牛背上找吃的,
我要驱赶它们,没有玩耍的闲暇。
往半山坡上走,草就多起来了,
牛群散开,白色的小牛犊朝着芦苇丛鸣叫。
河堤那边,放牛的伙伴吹响叶笛呼唤,
我也掐了一片草叶,呜呜呜地回应,
还扬起鞭子,啪啪打几声响鞭吓唬牛儿:
"哎呀,牛儿牛儿,你们吃草就吃草吧,
不要用牛角互相抵碰,免得碰断,
官府还要来截掉你的角,拿去用呢!"

诗人生动曲折地描绘牧场环境,有声有色,有动有静,并巧妙地用"饥鸟啄牛背""莫相触"等细节反映社会面貌,将讽喻暗藏在轻松的调侃中。

十五夜望月 【唐】王建

题解 诗人在中秋夜触景生情,凝想入神,表达对友人的思念。

中庭地白树栖鸦,
冷露无声湿桂花。
今夜月明人尽望,
不知秋思落谁家。

注释 十五夜:农历八月十五中秋节的夜晚。中庭:即庭中,庭院中。地白:月光照在庭院地上的样子。鸦:鸦鹊。冷露:秋天的露水。秋思:这里指怀念人的思绪。

122 **古诗新读** · 划着小船去采莲

今夜月明人尽望 / 何悦轩

新 读 院子铺满月光,树上鸦鹊栖息,
桂花的芬芳被夜气凝结成露珠。
中秋之夜,人人都在仰望月亮,
可我的思念,落在哪一个地方?

这是一首触景生情之作。诗人刻画月夜的色彩,表达自己中秋之夜的无限思念和无处安放的孤独。有了画面的烘托,诗人发出的感慨,更加富有感染力。

早春呈水部张十八员外（其一）

【唐】韩愈

题 解 诗人邀约友人春游，写诗描绘京城早春的美景。

天街小雨润如酥，
草色遥看近却无。
最是一年春好处，
绝胜烟柳满皇都。

注 释 呈：恭敬地送上。水部张十八员外：指唐代诗人张籍，他在同族兄弟中排行第十八，曾任水部员外郎。天街：京城街道。酥：酥油，这里形容春雨滋润细腻。处：时。绝胜：远远胜过。皇都：皇城，这里指长安。

天街小雨润如酥 / 李育含

新 读　小雨过后的长安城街,有些湿滑,
　　　　我们得小心一点走。
　　　　远处小草冒出细芽,一片绿茸茸,
　　　　走近却什么也看不到。
　　　　和我一起去春天游玩吧,
　　　　春天那么美好!你为何忙碌?
　　　　这是我们居住的京城,
　　　　虽然杨柳刚刚如烟,花还没有灿烂!

诗人把握雨后的特点,精确描绘早春画面,用口语化、清新自然的语言,表达了与邀约友人的深厚感情。

江 雪 【唐】柳宗元

题解 诗人被贬官为永州司马时写的诗,表达孤寂之情,抒发失意的苦闷。

千山鸟飞绝,
万径人踪灭。
孤舟蓑笠翁,
独钓寒江雪。

注释 人踪:人的脚印。蓑笠:蓑衣和斗笠。

128 **古诗新读**·划着小船去采莲

孤舟蓑笠翁，独钓寒江雪 / 董诗涵

新 读 一片银白的群山,鸟儿消失无影;
万籁俱寂的大地,道路无影无踪。
茫茫江边,戴斗笠披蓑衣的老人,
低垂一根钓竿,要钓起满江大雪!

诗人面对茫茫雪景,长时间积累在心里的郁闷情绪被激发出来。他先描绘大雪盖地的景象,再让独钓人成为画面重心,画龙点睛。情感丰盈,诗意盎然。

马 诗（其五） 【唐】李贺

题解 诗人通过咏马，表达渴望建功立业的豪情。

大漠沙如雪，
燕山月似钩。
何当金络脑，
快走踏清秋。

注释 钩：古代兵器。金络脑：即金络头，指贵重的鞍具，这里比喻良马。

何当金络脑，快走踏清秋 / 谢诗韵

新　读　一望无际的沙漠铺满月光,
月在燕山高悬如银亮的弯刀。
什么时候才能跃上一匹骏马,
举着月一般的弯刀,驰骋疆场。

李贺笔下的马姿态万千。这首诗里没有出现一个"马"字,却勾勒出一幅苍凉雄浑的画卷——大漠、远山、月亮……纵马奔驰,豪气冲天。

悯 农（其二） 【唐】李绅

题解 诗人赞颂农民的辛勤劳动，批判不劳而获的剥削者，表达对农民的怜悯之情。

锄禾日当午，
汗滴禾下土。
谁知盘中餐，
粒粒皆辛苦。

注释 悯：怜悯，同情。皆：都。

锄禾日当午，汗滴禾下土／杨舒涵

新 读 太阳正当顶,我们仍然在地里锄草,
一滴滴汗水啊,落进黄土冒白烟!
你们大腹便便、脑满肠肥,
哪里知道每一粒白米,都是我们的血汗!

诗人刻画农民在田野给禾苗锄草的形象,捕捉住汗水滴落的场景,突出农民不避酷暑、终年劳动的辛苦,在深沉的慨叹中表达了愤愤不平的感情。

乞巧 【唐】林杰

题解 农历七月七日夜，少女们在庭院里向织女星乞求智巧，称为"乞巧"。

七夕今宵看碧霄，
牵牛织女渡河桥。
家家乞巧望秋月，
穿尽红丝几万条。

注释 碧霄：指浩瀚无际的青天。河桥：鹊桥。神话传说中，七夕时喜鹊在银河架桥，让牛郎和织女桥上相见。几万条：形容数量多。

七夕今宵看碧霄 / 刘艾露

新　读　七夕之夜，面对璀璨星空我目不转睛。
　　　　喜鹊怎样架好桥？牛郎织女怎样相会？
　　　　家家户户，欢声笑语展翅飞向弯弯月亮。
　　　　针尖在闪，彩线在飞，织女把智巧给谁？

七夕节又称乞巧节，源自牛郎织女的传说。诗歌描绘了七夕夜晚的美丽景色，表达了人民对传统节日的热爱。

幼女词 【唐】施肩吾

题 解 诗人写诗刻画六岁女儿懵懂天真的可爱形象。

幼女才六岁,
未知巧与拙。
向夜在堂前,
学人拜新月。

注 释 巧:灵巧。拙:笨拙。向夜:傍晚。堂:厅堂,屋子。

140　**古诗新读**·划着小船去采莲

幼女才六岁，未知巧与拙 / 陈若兮

新 读 孩子呀,什么叫笨拙,什么叫灵巧?
六岁的你,懵懵懂懂,什么也不知道!
暮色一降临,就在厅堂前摆上瓜果和香烛,
那么一本正经,朝着天空拜月亮!

《幼女词》简洁直白,刻画女孩模仿大人拜月的天真形象。笔致幽默,妙趣横生。

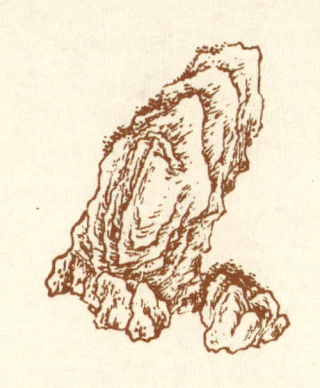

寻隐者不遇 【唐】贾岛

题解 诗人寻访友人不遇,写诗表达失落与怅惘之情。

> 松下问童子,
> 言师采药去。
> 只在此山中,
> 云深不知处。

注释 云深:指山上的云雾深处。

只在此山中，云深不知处 / 潘凝汐

新 读　我问松树下的小孩子,师父去了哪里。

孩子抬手指着远处:"一早就进山采药了。"

"到底去了哪里?"

"我也不知道,就在眼前大山里。

白云茫茫似海洋,我真的不知道!"

诗人寻访友人未果,与童子的对话虽简洁平淡,却巧妙地表现了自己由欢喜到失望的心情。诗歌浓淡相宜,画面自然,让人回味无穷。

塞下曲　【唐】许浑

题解　诗人用二十个字讲述一个残酷的战争故事，催人泪下。

夜战桑乾北，
秦兵半不归。
朝来有乡信，
犹自寄寒衣。

注释　桑乾北：桑乾河北岸。秦兵：唐朝的士兵。半不归：一半回不来，指战死。乡信：家乡来信。犹自：仍然。寒衣：抵御寒冷的衣服。

146 古诗新读 · 划着小船去采莲

朝来有乡信，犹自寄寒衣 / 赵奕含

新 读 在桑乾河北岸，一夜血战，
惨烈啊！只有一小半人，侥幸生还。
清早，我们收到家乡的来信——
抵御风寒的棉衣，刚刚寄出来……

诗人善于捕捉战争中最伤感悲凉的瞬间——征人战死在冰天雪地的疆场，而亲人才从故乡寄出御寒衣物。战争带来的惨重伤亡与亲人的期盼产生对比，催人泪下。

小 松 【唐】杜荀鹤

题解 诗人借松写人,托物讽喻,寓意深长。

自小刺头深草里,
而今渐觉出蓬蒿。
时人不识凌云木,
直待凌云始道高。

注释 刺头:指长满松针的小松树。蓬蒿:蓬草、蒿草。凌云:高耸入云。始道:才说。

直待凌云始道高 / 刘俊浩

新 读 埋没在荒草丛里的小松苗啊,
一天一天,长得比荒草更高。
莫看这松针茸茸此时不显眼,
终有一日,它会挺拔入云霄!

诗人托物言志,刻画小松形象,并以小松自喻,表明自己在恶劣环境中追求理想的执着精神。

GUSHI XINDU

深阅读

趣读
品读经典
乐在其中

（一）

《古诗新读》
梦想园

《古诗新读》梦想园

古诗、新读、孩子的画

激发了你的梦想——

快提起笔来吧

写诗、画画

记下读后随感

或者给大诗人

小画家

写一封信……

那就在这里写吧

想怎么写

就怎么写

画也随心所欲

这里,就是你的

——梦想园

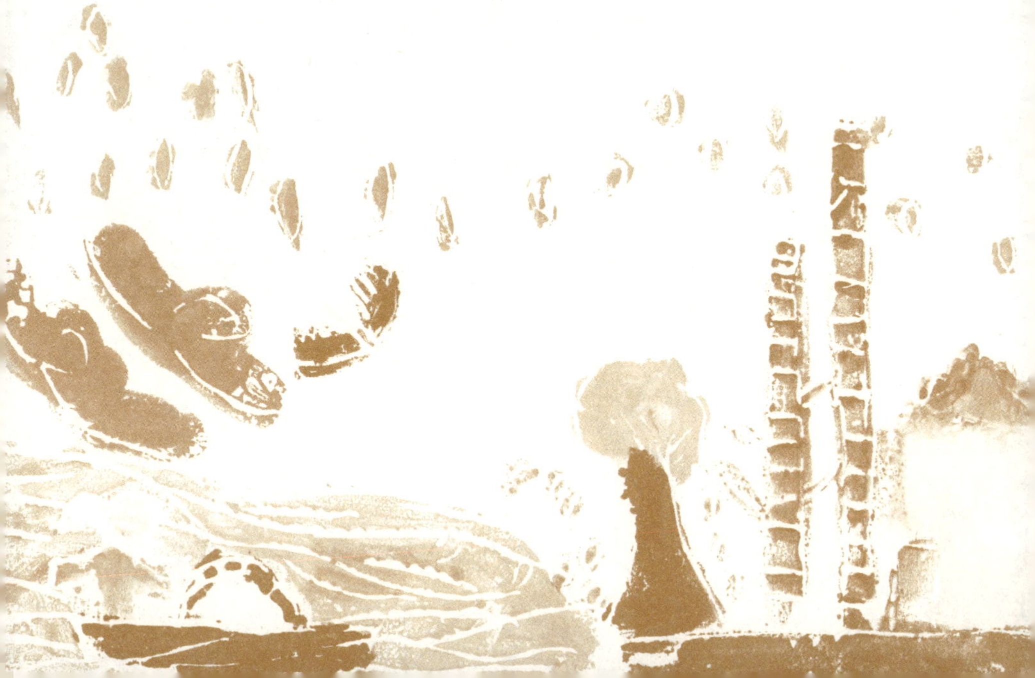

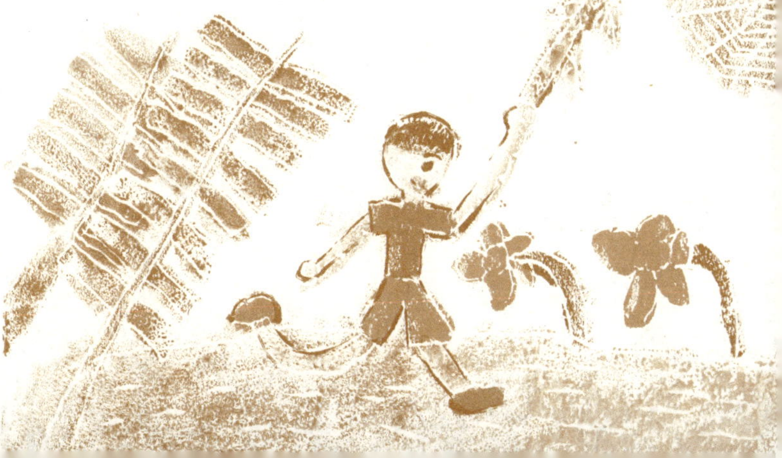

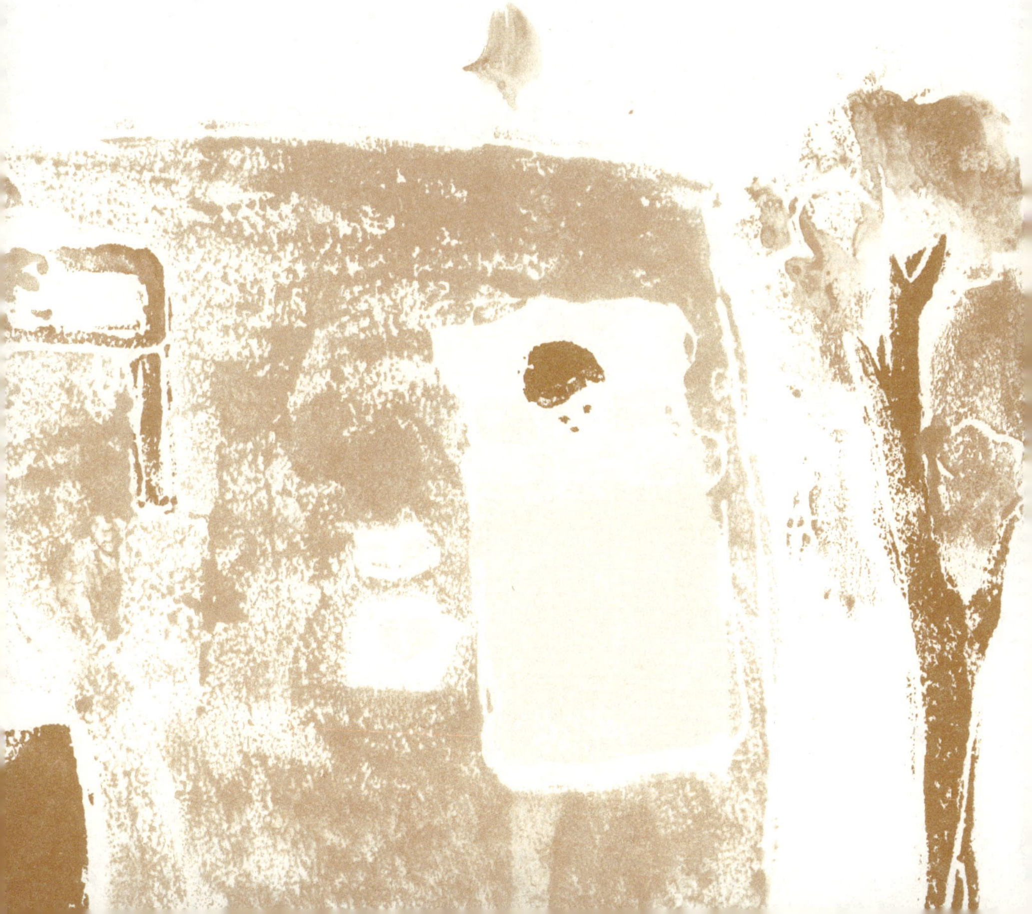

欢迎参加《古诗新读》梦想园的征文活动

你的梦想
他的梦想
汇聚在一起
就成了一片灿烂的星空

选出你写的诗
　　　　童话
　　　　作文
　　　　读后感
　　　　书信
　　　画的画

交给我们，我们将评出一、二、三等奖和特别奖颁发给证书和奖品

期待你的参与

作品发送至邮箱：gushixindu@163.com

梦想园·小读者说

从古诗到新读，你有什么感受或者收获？受到了什么启发？作画时，你是怎么想的？

王誉涵：我以前觉得，读古诗就是读出一点感情而已，想不到诗还可以有这样的解读方式。我的画就是受到了新读的启发。"我是一朵浮云"，让我想画一朵浮在空中的云。

孙子墨：从古诗到新读，我觉得从难理解变成了好理解。新读改变了我读诗的思维方式。先读古诗，再读新读，最后把读到的景物画下来，就组成了一幅画。

陈佳宜："古诗新读"完全改变了我原来读古诗的方式。用画解读古诗，让我更加深刻地理解并感受到《别董大》开阔的意境。今后，我也会继续用这种方式学习古诗。

ISBN 978-7-54488-6498-1

定价：28.00元